DE LA

SITUATION DES TRAVAUX

DU CANAL DE SUEZ

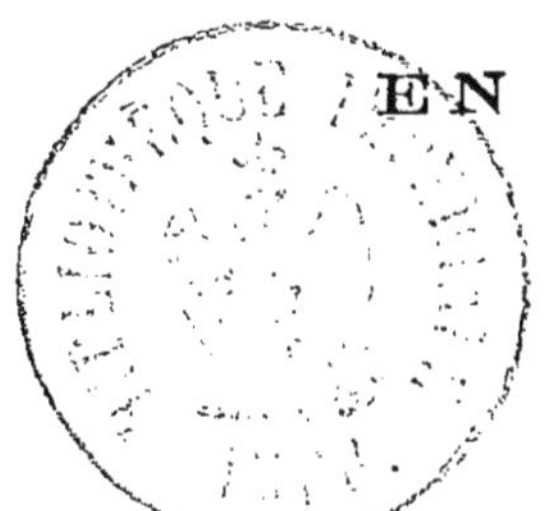

EN FÉVRIER 1868

PAR

V. CADIAT

Ingénieur de la Marine impériale, chef du service des travaux de la Compagnie à Paris.

PARIS
IMPRIMERIE CENTRALE DES CHEMINS DE FER
A. CHAIX ET Cie
RUE BERGÈRE, 20, PRÈS DU BOULEVARD MONTMARTRE.
1868

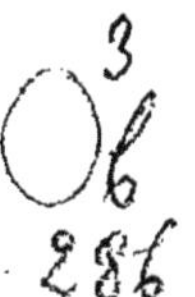

DE LA

SITUATION DES TRAVAUX

DU CANAL DE SUEZ

EN FÉVRIER 1868.

Attaché en qualité d'ingénieur à l'administration centrale de la Compagnie, je viens d'être appelé à passer quelque temps dans l'isthme.

Je n'avais pas vu les chantiers depuis quatre ans. Pendant ce temps, les choses ont bien changé; les contingents ont disparu, le travail des entrepreneurs a été substitué au travail en régie, les machines ont remplacé les hommes, les chantiers localisés en quelques points se sont étendus sur toute la superficie de l'isthme. Bien que, par la nature de mes fonctions, j'aie pu suivre de loin toutes ces transformations, bien que je sois informé exactement de la situation des travaux, j'étais loin de m'attendre à la très-vive impression que m'a causée l'inspection que je viens d'en faire moi-même.

J'ai résumé quelques-unes de mes notes, et je les publie, espérant qu'elles contribueront à éclairer sur le degré d'avancement du canal, et à corroborer la certitude de son achèvement pour le dernier trimestre de l'année prochaine.

Afin de ne pas être accusé de me laisser aller à l'entraînement auquel on est exposé quand on contemple une œuvre à laquelle on fournit sa collaboration, je citerai surtout des chiffres. Au point où nous sommes arrivés, les chiffres, même dépouillés de tout développement, constituent en effet le compte rendu le plus éloquent et le plus saisissant.

J'entre en matière en parlant de Port-Saïd, et je continuerai en descendant progressivement le canal jusqu'à Suez, et en passant toutes les sections en revue.

Port-Saïd. — Si je disais qu'après quatre ans je n'aurais pas reconnu Port-Saïd, ce serait à peine une métaphore. Les deux jetées qui à présent s'avancent à une grande distance en mer, le chenal profond qui conduit dans les bassins, le chantier Dussaud et les ateliers du transit qui couvrent la rive Asie, le bassin du Commerce rempli de navires, l'abondance de l'eau douce, l'accroissement considérable de la ville, tout a contribué à en transformer la physionomie depuis que je ne l'ai vue.

Je ne dirai rien de la ville proprement dite : on a souvent décrit ses édifices, son marché, son animation merveilleuse, et à présent son importance est bien reconnue; c'est avant tout de la situation des travaux que je veux parler.

Aujourd'hui, tous les quartiers bâtis sont remblayés; j'ai vu disparaître, sous le sable qu'on apportait à cet effet, les derniers pilotis encore à nu sur lesquels on avait dû élever les maisons lorsque le terrain était trop bas. Les remblais dernièrement faits ont été exécutés avec du sable pris directement sur la plage de la Méditerranée, à l'ouest de la jetée Ouest. Vu leur peu d'importance, c'est plus simple et plus économique que de recueillir des déblais sous les dragues, organisées pour être desservies par des porteurs.

En prenant ainsi ce sable sur la plage, on aura retardé sensiblement la marche des atterrissements qui tendent à se former au fond de l'angle compris entre la jetée et le rivage. Je me hâte de dire que ces atterrissements se tiennent d'ailleurs, jusqu'à présent, dans les limites qu'avait prévues la Compagnie.

Les remblais dont je parle ont été confiés à un entrepreneur qui a imaginé de se servir de baudets pour transporter le sable. L'idée a été heureuse : ces animaux se sont vite habitués à faire automatiquement leur service ; ils partent dès qu'on les a chargés, ils font un assez long trajet, et ils reviennent aussitôt qu'on a vidé leurs couffes, sans qu'on ait besoin de les conduire. Je signale ce mode de terrassement, car, dans certaines circonstances, il peut rendre d'utiles services.

Chantiers Dussaud. — Jetées. — Je n'avais pas encore vu ces chantiers. Tout ce qu'on a dit de leur bonne organisation est à la hauteur de la vérité.

Ils fonctionnent avec une grande régularité : les matières premières, sable et chaux du Theil, arrivent en un point du chantier, et sortent à un autre à l'état de blocs prêts à être immergés, après avoir passé par une série méthodique de préparations, sans qu'aucune force soit perdue, sans qu'aucune manœuvre soit inutile.

Il y a dix bétonnières : huit marchent en ce moment et suffisent à l'alimentation des chantiers de moulage. Chacune d'elles mélange et triture en vingt minutes $1^{mc},4$ de sable et 450 kilog. de chaux du Theil. La machine qui les fait mouvoir et qui commande en même temps quelques appareils accessoires : treuil du plan incliné, pompes, outils de réparation, est de la force de 70 chevaux.

La combinaison de voies de fer et de trucs, qui servent au déplacement des wagons de béton et à l'enlèvement des blocs, est aussi simple que possible, et a permis de condenser les travaux sur un petit espace.

Je citerai comme très-remarquable la grue roulante à vapeur qui enlève les blocs quand ils sont prêts à être immergés et les charge sur les trucs. Je rappelle que chacun d'eux pèse environ 20,000 kil.

Cette grue a été construite par les Forges et Chantiers de la Méditerranée, de même que tous les autres appareils de MM. Dussaud. Le mécanisme en est fort simple et ingénieux. Une grue analogue sert à embarquer les blocs sur les mahonnes qui doivent les emporter en rade.

Tant que la jetée, au point où l'on travaille, n'a pas atteint le niveau de l'eau, on dispose ces blocs sur des plans inclinés et on les laisse glisser à la mer. Quand elle a atteint le niveau de l'eau, on les saisit de dessus la mahonne qui les porte et on les met en place avec une bigue flottante. Cet appareil se manœuvre très-simplement.

Les chantiers Dussaud occupent en ce moment 250 hommes environ. La moyenne de la fabrication journalière a été, pendant l'année 1867, de 295 mètres cubes par jour ; la moyenne de l'immersion a été de 285 mètres cubes.

Or il reste 47,998 mètres cubes à fabriquer et 70,223 à immerger. La fabrication sera donc, selon toutes probabilités, terminée dans six mois, et l'immersion dans neuf mois, c'est-à-dire avant la fin de l'année. Mais déjà la sécurité est assurée dans l'avant-port compris entre les jetées, et les navires peuvent y entrer très-facilement et sans danger. — Pendant mon séjour j'ai vu un violent coup de vent à Port-Saïd ; tandis qu'au large et à l'extérieur des jetées la mer était démontée, il faisait calme en dedans et un navire aurait pu y pénétrer sans difficultés et s'y conduire en toute sécurité.

Chenal et bassin de Port-Saïd.—Les dragages dans

la section de Port-Saïd sont presque aussi avancés que les travaux des jetées. En ce moment six dragues y travaillent. On reçoit leurs déblais dans des bateaux porteurs à clapets, et on va les vider au large dans le nord-est du port.

Le chenal de l'avant-port, c'est-à-dire le chenal qui longe la jetée Ouest et qui conduit au grand bassin, a 100 mètres de largeur au plafond, et une profondeur qui varie de 5^m,50 à 7 mètres. Là il ne reste plus que 470,000 mètres cubes à enlever ; le travail à faire était de 1,500,000 mètres cubes.

Le grand bassin a au moins 4 mètres de fond, excepté sur une étendue de 15,000 mètres carrés qui n'est pas encore attaquée. Le chenal de l'avant-port s'y prolonge sur une largeur de 250 mètres, avec une profondeur de 6^m,50 jusqu'à l'entrée du canal maritime. Le tiers du bassin Chérif est creusé à une profondeur de 6 mètres.

Le bassin du Commerce est depuis longtemps livré aux navires de commerce. La moitié sud du bassin de l'Arsenal vient d'être portée à la profondeur de 6 mètres.

En résumé, sur 4,567,000 mètres cubes qu'il y avait à faire dans le port et ses dépendances, il n'en reste plus à enlever que 1,403,000.

Le dragage se fait dans cette section dans de très-bonnes conditions. Le terrain n'est pas dur à attaquer, les mouvements des bateaux porteurs se font avec précision et sans perte de temps, car ils ont toute la place nécessaire pour manœuvrer.

Parmi les différents types de ces bateaux qui y

sont employés, le type anglais (type de la Clyde un peu allongé) me paraît préférable aux autres.

L'animation qui règne dans les bassins et dans l'avant-port est difficile à imaginer. Six grandes dragues qui y travaillent; des bateaux porteurs qui passent à tout instant allant au large verser leurs déblais ou en revenant; une circulation continuelle de canots à vapeur, de chalands, de remorqueurs, d'embarcations de toutes sortes appartenant les uns à la Compagnie, les autres à ses entrepreneurs ou aux navires mouillés dans le port; bien souvent un navire qui vient sous ses voiles jusque dans le grand bassin; presque chaque jour un grand paquebot qui entre ou qui sort; plusieurs fois déjà un navire de la marine militaire; enfin, jusqu'à des embarcations de plaisance, voilà le spectacle animé que présentent les bassins de Port-Saïd. Il n'y a que les ports ou les arsenaux les plus animés de l'Europe qui puissent donner une idée de tant d'activité condensée dans un espace relativement restreint.

Trois à quatre mille navires de toutes les nationalités ont déjà mouillé à Port-Saïd, et aujourd'hui la plupart des lignes régulières de paquebots de la Méditerranée y touchent en tout vingt-quatre fois par mois.

Sur le quai Asie du bassin sont installés les ateliers du transit; ils ne sont pas grands encore, mais ils offrent toutes les ressources nécessaires à l'entretien du matériel d'exploitation.

En face, du côté de la ville, la grande étendue de quais réservée à MM. Borel Lavalley et Cie est couverte de constructions et garnie de matériel et d'approvisionnements.

Les deux cales de halage qui ont été construites au fond du bassin de l'arsenal sont très-heureusement disposées et elles rendent tous les jours de grands services.

Les ateliers de la Compagnie n'ont pas subi beaucoup de modifications depuis qu'ils ont été mis à la disposition des entrepreneurs, très-peu de machines ont été ajoutées à celles qu'ils contenaient. Ces ateliers sont bien remplis, et très-animés; ils suffisent aux réparations du matériel. Celui de la Chaudronnerie est le seul qui ait été modifié et agrandi; en effet, une grosse tâche lui incombe : l'entretien et la réparation des godets.

Je noterai aussi en passant le magasin général des entrepreneurs, fort bien approvisionné, et organisé d'une façon remarquable; c'est lui qui fournit tous leurs chantiers de pièces de rechange et d'approvisionnements. Il le fait avec une grande célérité.

Je ne quitterai pas le bassin de l'Arsenal sans signaler une belle bigue flottante en fer et à vapeur qui vient d'être exécutée par MM. Borel et Lavalley; elle a 22 mètres de haut, 8 mètres de portée, et elle peut soulever 40,000 kilogrammes.

Lorsque je suis arrivé à Port-Saïd, on procédait à l'évacuation des chantiers de montage de la maison Gouin et des Forges et Chantiers de la Méditerranée, qui ont fini de livrer le matériel qui leur avait été commandé. L'achèvement de ce matériel est une heureuse nouvelle à signaler.

Canal. — Section de Raz-el-Ech. (Du kilomètre 0 au kilomètre 23.) — Six dragues sont en chantier entre Port-Saïd et la limite de la division située au kilomètre 23. Cinq d'entre elles sont à long couloir, la sixième est desservie par des bateaux porteurs.

Ces dragues rencontrent des terrains de sable, d'argile, de sable argileux ou de sable vaseux que les godets attaquent très-facilement et qui se dégagent aisément dans les longs couloirs; aussi le travail avance rapidement.

Près de Raz-el-Ech on a complétement achevé le canal à toute largeur et à la profondeur de 8 mètres, et on a régalé les banquettes. Ce travail est fait sur une longueur de 3 à 400 mètres.

Certains détracteurs affirmaient autrefois que dans ces régions le terrain était très-mou, si mou que les talus ne tiendraient pas et redescendraient dans la fouille sous le poids des cavaliers; on a choisi pour faire un essai l'endroit où le terrain paraissait le moins dur. Comme nous l'avons toujours prévu, les talus tiennent très-bien, et ils tiennent à des pentes moins douces que nous ne pensions. L'aspect de ce bout de canal achevé est très-satisfaisant. Les berges extérieures, grâce à l'inclinaison très-douce avec laquelle elles se forment sous les longs couloirs, s'étendent loin à droite et à gauche et constituent des plages qui résisteront très-bien aux coups de vent les plus violents qui pourront s'élever dans le lac Menzaleh.

En dehors de ce point, la profondeur du canal varie de 5 mètres à $2^{m},50$, depuis l'origine jusqu'au kilomètre 23. Ces profondeurs n'existent pas partout sur toute la largeur, car il y a encore des bourrelets et des îlots qui émergent au milieu du chenal, mais leur nombre et leur importance vont en diminuant rapidement.

Dans cette section du canal, où le cube à extraire était d'environ 8,600,000 mètres, il ne reste plus à enlever que 5,182,000 mètres.

Il y a donc à ce jour en tout 6,585,000 mètres cubes à creuser dans la division de Port-Saïd. Douze dragues y travaillent ; en admettant que leur production mensuelle moyenne se tienne entre les chiffres de 25 et 30,000 mètres cubes, on voit que le délai d'achèvement serait compris entre dix-huit et vingt et un mois.

L'amélioration progressive du rendement des dragues, les temps d'arrêts de moins en moins fréquents, l'habitude que prennent les dragueurs de travailler pendant la nuit de plus en plus longtemps, donnent l'espoir qu'on ne dépassera pas le plus court de ces délais, et que tous les travaux seront finis dans cette division vers le mois de juillet ou d'août 1869.

Je ne recommencerai pas la description des dragues à long couloir, elle a été faite souvent, et il est difficile de donner une idée de l'impression que produisent les proportions colossales de ces appareils. On n'a pas exagéré leur puissance de production. Il leur arrive souvent d'enlever 2,500 et même 3,000 mètres cubes en une journée. Toutefois il ne faudrait pas prendre ces chiffres comme des moyennes applicables à plusieurs appareils dans une longue période de travail, parce qu'il y a des temps d'arrêt nécessités par des nettoyages, par des remplacements de godets, de maillons ou de boulons et par de menues réparations. Mais ils montrent ce que ces dragues peuvent faire, et combien on peut encore augmenter leur rendement moyen actuel, en perfectionnant leur emploi, et en combattant toutes les causes d'arrêt.

Division d'El-Guisr. (Du kilomètre 23 au kilomètre 75 1/2. — Les travaux à sec de la division d'El-Guisr, qui commence au kilomètre 23 et qui finit au kilomètre 75-5, viennent d'être terminés. M. Couvreux a achevé le lot de 4 millions de mètres cubes dont il était chargé, et j'ai vu transporter en grande pompe par ses ouvriers la dernière pelletée de sable de ses chantiers. Depuis assez longtemps, l'abaissement du prix de la main d'œuvre et l'affluence des ouvriers avaient déterminé cet entrepreneur à renoncer à l'emploi des excavateurs à sec. Le terrain était abattu à bras sur toute sa hauteur, et il était chargé à la pelle dans des wagons que des locomotives emmenaient sur les cavaliers de décharge.

Chaque homme a fait en moyenne de 8 à 10 mètres par jour, fouille et charge. — Les wagons cubent $3^{m},80$; chaque locomotive en traînait jusqu'à 14 et 16.—La rampe des voies est de 12 millimètres par mètre.

Les travaux d'El-Ferdane dont s'était chargée la Compagnie sont terminés depuis longtemps, et à part quelques tâches et quelques régies de peu d'importance pour des regalements de terrain, la division tout entière n'est plus occupée que par l'entreprise Borel et Lavalley.

300 hommes et 250 baudets sont en différents points occupés à achever à sec les berges de la rive Asie.

24 grandes dragues doivent être affectées à cette division, où il reste encore à enlever 14,223,000 mètres cubes. 11 d'entre elles sont à long couloir, il y en a 8 en chantier et 3 en voie d'installation.

Les 13 autres, dont 9 en chantier et 4 en voie d'installation, sont à déversoir ordinaire.

Le nombre total des dragues en chantier est donc de 17.

Indépendamment de ces appareils, il y a 11 petites dragues qui approfondissent jusqu'à $1^{m},75$ tous les points où l'on n'a point encore cette profondeur.

Les dragues à long couloir sont employées partout où la hauteur du terrain naturel le permet; elles sont toutes au nord d'El-Ferdane, il n'y en a pas plus bas dans la division d'El-Guisr. De même que dans la division de Port-Saïd elles ne rencontrent généralement que de l'argile ou du sable plus ou moins argileux, et leur travail est satisfaisant. L'une d'elles attaque le banc de gypse situé aux environs du kilomètre 57; elle en vient à bout sans difficultés, et son rendement n'est pas de beaucoup inférieur à celui des appareils voisins. En même temps que le gypse, il vient dans les godets de l'argile qui rend les déblais glissants et leur permet de descendre facilement dans le long couloir.

Sur les 13 dragues à déversoir ordinaire, 5 sont desservies par des appareils élévateurs, savoir : 3 dragues et 6 élévateurs à Kantara; 1 drague et 2 élévateurs au kilomètre 54 et autant au kilomètre 58. Ces derniers travaillent également dans le banc de gypse.

On sait que les appareils élévateurs ont été créés pour mettre les déblais en cavaliers aux points où le terrain naturel est trop élevé pour l'emploi des longs couloirs, et où il n'y a pas à proximité de bassins de décharge qui permettent l'usage des gabares ou des porteurs. Ces appareils fort ingénieux ont déjà été décrits: on en a vu un petit modèle à l'Exposition. Bien des ingénieurs avaient annoncé qu'ils ne fonctionneraient pas ou que leur rendement serait très-faible. Les premiers essais ont fait craindre la réalisation de ces prédictions. On y a apporté quelques modifications de détail; les hommes se sont habitués peu à peu à leurs manœuvres, et depuis, leur rendement va sans cesse en augmentant. Ainsi dans les derniers mois, il y a des dragues qui, avec leurs deux élévateurs, ont pu mettre à terre juqu'à 22,000 mètres cubes. Je crois que cette amélioration pourra s'accroître encore un peu; mais chaque élévateur, ne mettrait-il à terre par mois que 10,000 à 12,000 mètres cubes, ce serait encore un très-beau résultat, rentrant dans les prévisions des entrepreneurs.

Les huit autres dragues à déversoir ordinaire sont destinées au seuil d'El-Guisr.

Elles sont desservies par des gabares qui transportent et vident les déblais dans le lac Timsah.

Cinq d'entre elles sont en chantier, les trois autres ne sont pas encore en place; on prépare leur bassin d'attaque. Les premières phases du travail des grandes dragues dans le seuil présentaient des difficultés. La rigole livrée aux entrepreneurs n'avait que 20 mètres de largeur environ ; le reste de la tranchée n'avait été abaissé par les terrassements à sec que jusqu'à la hauteur de l'eau. Engager des dragues dans cette étroite rigole et y faire circuler les nombreuses gabares nécessaires à leur service, sans entraver la navigation des trains d'approvisionnement et du transit n'était pas chose aisée.

De distance en distance, au moyen de petites dragues à long déversoir, on a attaqué le terrain laissé latéralement à la hauteur de l'eau, et on y a creusé des bassins assez profonds et assez larges pour contenir une ou deux grandes dragues et des gabares. Dans ce creusement la petite drague versait ses déblais à côté, sur le terrain à attaquer ultérieurement. Au fur et à mesure que ces bassins ont été préparés, les grandes dragues sont venues s'y installer avec leurs gabares. Elles attaquent le terrain de manière à abattre la banquette et à élargir le plus tôt possible le chenal. Tant que la drague n'a pas largement dégagé ses abords, l'accostage et la manœuvre des gabares est lente et pénible ; il faut fréquemment mollir les chaînes pour laisser passer des trains ou des gabares dans le canal. Enfin, en certains points le passage était si étroit dans la rigole, que deux gabares ne pouvaient s'y croiser et qu'elles ne devaient s'y engager que successivement. Aussi le rendement des appareils n'était pas considérable ; mais ces dragages ne sont pas commencés depuis longtemps, et déjà la ligne d'eau se dégage, les appareils commencent à être à leur aise, les gabares manœuvrent plus facilement et le rendement journalier augmente.

Les gabares employées au Seuil sont toutes à clapets de fond et d'un dernier type qui m'a paru tout à fait satisfaisant. Elles sont munies d'une arcade et de treuils copiés sur les porteurs de la Clyde, dont j'ai parlé plus haut ; leurs formes sont excellentes. Elles viennent d'être livrées par la maison Gouin.

En résumé, il y a encore, avons-nous dit, 14,223,000 mètres cubes environ à enlever dans la division d'El-Guisr ; si chacune des 24 dragues produit mensuellement 30,000 mètres cubes, il suffira de 19 mois pour achever le travail ; si elles ne faisaient que 25,000 mètres, il faudrait 23 mois. D'ici à peu de temps, lorsque le chantier, encore nouveau, aura pris toute son impulsion, la production mensuelle sera comprise entre ces deux limites. En outre, cette division pourra de bonne heure être aidée du travail des dragues des sections voisines qui seront en avance dans l'achèvement de leur tâche. On peut donc affirmer avec certitude que cette partie sera achevée à la même époque que les autres.

Division d'Ismaïlia. Lac Timsah. (Du kilomètre 75 1/2 au kilomètre 87.) — Parmi les nombreuses transformations que nous avons fait subir au désert, le remplissage du lac Timsah n'est pas la moindre. Là où il n'y avait autrefois qu'une étroite cuvette vaseuse bordée de roseaux, et circonscrite au fond d'un bassin de sable, s'étend à présent un grand lac de 2,000 hectares de superficie et de 15 kilomètres de tour environ.

Ce n'est pas seulement un grand résultat au point de vue des travaux et un grand progrès dans l'avancement du canal; c'est encore une amélioration considérable dans les conditions d'existence des habitants d'Ismaïlia. La température de la ville est un peu rafraîchie pendant l'été; les coups de vent du sud y amènent moins de sable; la vue y est égayée par cette vaste étendue d'eau, découpée sur ses bords en méandres assez pittoresques, et animée par le mouvement d'un grand nombre de bateaux et d'embarcations.

La quantité d'eau à verser dans le lac pour le remplir était de 64,000,000 de mètres cubes environ. La section de la rigole qui amenait cette eau n'était sur 14 kilomètres que de 18 mètres carrés. L'opération a duré 5 mois; elle a eu lieu sans encombre et sans que ni les travaux ni la navigation dans la rigole maritime aient été gênés. La vitesse d'écoulement dans la traversée du seuil a été assez variable; on l'a réglée de manière à ne jamais dépasser 0m,30 par seconde. — Le courant n'a exercé aucune action destructive sur les parois du Canal.

Tous les déblais dragués entre El-Ferdane et l'extrémité de la tranchée de Toussoum sont transportés dans le lac au moyen de gabares à clapets et de bateaux porteurs. On les verse dans la région sud-ouest, de manière à ménager dans les grands fonds un chenal direct d'un demi-kilomètre de large au moins, pour mettre en communication les abords d'Ismaïlia avec le canal maritime.

On doit loger ainsi près de 5,000,000 de mètres cubes de terre dans le lac Timsah.

Le débouché du canal maritime dans le lac se présente sous un très-bel aspect. Cette tranchée profonde s'ouvrant dans une colline dominée par le chalet du vice-roi, les surfaces des talus bien réglées, la ligne d'eau qui s'étend assez loin déjà sur sa largeur de 58 mètres, à droite la rigole du Plateau des Hyènes, à gauche le débouché de la rigole de communication du canal d'eau douce, le campement de l'entreprise avec les ateliers de la section où se font les menues réparations, le petit port où est remisé le matériel flottant, le grand mouvement qui y règne, tout concourt à faire de ce point un des plus pittoresques du canal.

Les buttes que le tracé coupe dans le lac sont ouvertes jusqu'à la ligne d'eau et à la largeur de 100 mètres, et leurs talus sont terminés.

Dans la traversée des lagunes qui séparent le lac de la tranchée de Toussoum, le canal est arrivé à peu près partout à sa largeur définitive de 100 mètres à la ligne d'eau, et la berge d'Afrique est terminée sur presque tout le parcours.

Deux chantiers de terrassiers y sont occupés à finir les derniers déblais au-dessus de l'eau.

Dans la tranchée de Toussoum, il y a également sur quelques points des terrassiers qui font les derniers déblais à sec de la rive Asie.

Le nombre total d'hommes employés dans ces régions est de 300 environ; ils auront prochainement fini.

Dans les endroits où le terrain naturel n'est pas trop élevé, les déblais sont portés à la brouette en cavaliers. Dans les autres parties, ils sont versés dans des gabares à clapets, accostées le long du chantier. Quand ces gabares sont pleines, on va les vider, les unes dans le lac, les autres dans la lagune de Toussoum, située par le travers de la carrière de Mourrah. Comme le remplissage de ces gabares à la brouette est assez long et qu'il serait dispendieux de les tenir sous vapeur pendant tout le temps qu'il dure, on les remorque simplement au moyen de canots à vapeur.

Trois dragues sont affectées aux travaux compris depuis le débouché du canal jusqu'au barrage de Toussoum. Deux sont dans le lac proprement dit: la troisième attaque en ce moment le haut fond laissé sous Djebel-Mariam, entre le lac et la rigole creusée autrefois par les contingents à 4 mètres de profondeur, et elle s'avance vers le sud.

En résumé, la profondeur du chenal dans le lac proprement dit varie de $2^{m},40$ à 4 mètres, $4^{m},50$ et 5 mètres. Les fonds de 4 à 5 mètres dominent. La profondeur de la rigole dans la traversée des lagunes du lac et du seuil sous le campement de Toussoum varie de 4 mètres à $2^{m},50$.

Dans cette section, occupant une longueur de 11 kilomètres 1/2, il ne reste plus à enlever que 1,442,000 mètres cubes environ. Avec un rendement moyen de 25,000 mètres cubes par drague, il faudrait 19 mois ; avec un rendement de 30,000 mètres cubes, il n'en faudrait que 16. On voit que cette partie sera finie de bonne heure et que les dragues qui y sont aujourd'hui pourront être utilisées ailleurs.

Chantiers de dragage du Serapeum. (Du kilomètre 87 au kilomètre 94.) — De tous nos chantiers de dragage, celui du Serapeum est aujourd'hui le plus intéressant et le plus animé. On sait comment on a trouvé le moyen d'y creuser à la drague à un niveau supérieur à celui de l'eau de mer, en faisant communiquer avec le canal d'eau douce une rigole creusée sur le plateau du seuil, ainsi que des dépressions de terrain qui s'y rencontrent.

Le niveau de l'eau douce est là à 6 mètres audessus du niveau qu'occupera plus tard l'eau de la mer.

Les bassins artificiels sont au nombre de trois. Jusqu'à présent on n'avait encore utilisé que deux d'entre eux, ceux du Nord, et on n'avait dragué que dans les régions du canal qui les avoisinent.

Aujourd'hui le troisième bassin, qui est le plus vaste, vient d'être rempli, et le seuil entier se trouve ainsi occupé par l'eau douce, sur une longueur de 7 kilomètres environ à partir du barrage de Toussoum qui la sépare de l'eau salée remplissant en contre-bas la rigole maritime.

Neuf dragues travaillent dans cette courte région ; deux sont munies d'un long couloir pour les parties basses, et sept sont desservies par vingt-six

****

gabares à clapets qui vont vider les déblais dans les bassins artificiels.

Pendant les premiers temps, le sable extrêmement fin et pur qui constitue le seuil coulait difficilement dans les longs couloirs, malgré l'eau qu'on y versait à profusion et malgré la chaîne à rabots, et le rendement des dragues à couloirs n'était pas considérable. Après plusieurs tâtonnements, on vient d'arriver à les faire marcher d'une façon tout à fait satisfaisante. Le principal remède a consisté à donner 14 0/0 d'inclinaison aux couloirs.

Les dragues desservies par des gabares fonctionnent très-bien. Le terrain s'attaque sans difficulté. Le seul inconvénient qui se manifeste consiste dans l'usure très-rapide des boulons et des articulations des chaînes à godets. Ce sable extrêmement fin se comporte, en effet, presque comme de l'émeri. On rend les réparations de moins en moins fréquentes en renforçant les dimensions de ces organes et en faisant les boulons en acier très-dur.

Mais à mesure que la fouille s'enfonce davantage dans le seuil, on rencontre des sables un peu argileux qui usent moins les articulations.

Les gabares sont toutes à clapets latéraux, afin de profiter le plus possible de la profondeur des bassins. Le sable est tellement fin qu'il a fallu garnir les bords de leurs clapets avec du caoutchouc pour rendre leur fermeture tout à fait étanche; avant cette précaution il s'en perdait une quantité notable pendant le voyage.

Les deux bassins du Nord ont déjà reçu à peu pres

1,500,000 mètres cubes de déblais. Ils seront bientôt complétement remplis. — Mais le dernier bassin du Sud peut contenir un cube plus considérable : 2,500,000 mètres environ.

Les dragues vont y entrer avant peu, après avoir coupé le barrage qui le séparait du chenal avant qu'il fût rempli d'eau.

On est occupé en ce moment à allonger l'une après l'autre les élindes des dragues de ce chantier. Elles étaient faites pour creuser à 8 mètres; on les prolonge de manière à ce qu'elles puissent donner facilement des fonds de 10 mètres. On creusera à l'eau douce jusqu'à cette profondeur, avant de couper le barrage de Toussoum et de travailler au niveau de l'eau de mer. Le niveau d'eau douce étant à 6 mètres au-dessus de celle-ci, on voit que, lorsque la communication sera établie, le chenal aura 4 mètres de profondeur.

C'est à ce moment que l'on commencera à remplir les grands lacs Amers, en coupant aussi le barrage du Sud.

Ce programme se justifie : tant qu'on travaille à l'eau douce, les transports des déblais se font à assez courte distance, tandis que quand le plan d'eau sera abaissé, les bassins naturels ne pouvant plus servir, il faudra tout porter dans le lac Timsah et il y aura des gabares qui devront parcourir jusqu'à 15 et 16 kilomètres.

Aujourd'hui, la profondeur moyenne de la fouille dans le chantier est de 5 à 6 mètres. Il y a déjà quelques points où elle atteint 8 et 9 mètres.

Il reste encore 2,028,000 mètres cubes à peu près à faire avant d'atteindre la profondeur de 4 mètres au-dessous du niveau du canal. En comptant un minimum de 25,000 mètres de production mensuelle pour chacune des neuf dragues, on voit qu'il faudra au plus neuf mois pour les extraire ; le plan d'eau pourra donc être abaissé, et le remplissage des lacs Amers commencé dans la première moitié du mois de novembre. A ce moment la tranchée de Toussoum présentera une section de 200 mètres carrés ; à la vitesse de $0^m,30$ par seconde, elle pourra débiter 5 millions de mètres cubes d'eau par 24 heures. — Ce chiffre donne la certitude que le remplissage des lacs Amers sera fini à temps, quand bien même on ne les mettrait en communication qu'avec la Méditerranée.

Le campement du Serapeum a pris beaucoup d'extension ; il est un des plus importants de l'isthme. Les entrepreneurs y ont un atelier de réparations assez grand.

Le Serapeum est le point du canal où le sable est le plus fin et le plus mobile, c'est celui où les apports sont le plus considérables. Ils y ont presque autant d'importance que dans tout le reste des travaux. Mais là nous avons sous la main le plus efficace des remèdes ; c'est le canal d'eau douce qui coule à 1,800 mètres, précisément à la hauteur moyenne du seuil. Les infiltrations d'eau qui imprègnent le sable de limon et lui donnent de la consistance, les irrigations qui développeront la végétation, remédieront assez vite à cette mobilité du terrain, et les apports seront vite très-amoindris, et peut-être annulés.

De nombreuses infiltrations provenant des bassins artificiels couvrent en ce moment de grandes étendues du plateau, et leur bon effet se fait déjà sentir.

Chantiers à sec du Serapeum. (Du kilomètre 94 au kilomètre 100.) — Au delà du barrage qui limite au sud le dernier bassin artificiel, le terrain s'abaisse graduellement. A 1 kilomètre il atteint le niveau des deux mers, et à 5 kilomètres il gagne les grands fonds des lacs Amers à la hauteur du plafond du canal. Dans ces régions, les travaux sont vigoureusement attaqués à sec. 1,100 hommes y sont employés. Ils travaillent à la brouette; ce sont principalement, comme dans les autres chantiers, des Dalmates et des Arabes. Ces derniers, que l'on a cru longtemps impropres à l'emploi de la brouette, s'y sont très-bien accoutumés; ils ont abandonné leur vieille méthode de transport à la couffe qui était très-lente, et se sont organisés par relais comme sur les chantiers européens. Ils rendent de très-bons services.

La décomposition du travail en petites tâches réparties par groupes d'hommes peu nombreux rend la direction des chantiers très-commode et très-simple.

Ils sont logés sous des abris, formés de panneaux de planches très-légers, qu'on déplace aisément au fur et à mesure que le chantier progresse. Ces abris reviennent moins cher et sont plus salubres que les tentes en toile primitivement employées.

On compte adosser le déversoir qui servira au remplissage des lacs à la dernière butte qui limite les terrains plus élevés que le niveau de la mer.

Dans ces chantiers à sec, la profondeur atteinte au-dessous de la cote de la ligne d'eau varie de 1 mètre à 3 mètres sur les 3,500 mètres qui suivent le barrage de Serapeum. Sur une longueur de 1,800 mètres qui précède immédiatement les grands fonds, le canal est à peu près achevé, et les agents de la Compagnie vont procéder à sa réception.

En résumé, depuis le barrage de Toussoum jusqu'aux lacs Amers, dans la section dite du Serapeum, il reste encore environ 3,691,000 mètres cubes à enlever. Pour avoir fini le 1er octobre 1869, c'est-à-dire dans 19 mois et demi, il suffirait de faire 189,000 mètres cubes par mois.

Les 9 dragues en chantier, qui vont être aidées pendant quelque temps encore par des terrassiers, feront davantage, et il leur restera encore du temps après l'accomplissement de ce travail pour venir en aide à d'autres chantiers si c'est nécessaire.

Grands lacs Amers. (Du kilomètre 100 au kilomètre 116.) — Dans toute l'étendue des grands fonds des lacs Amers, sur une longueur de 16 kilomètres et demi, il n'y a aucun déblai à exécuter.

Quand on descend dans le bassin de ces lacs et qu'on arrive au fond, on traverse d'abord une zone de gypse et d'autres sels de chaux, premier sédiment des matières les moins solubles laissé par l'eau de mer remplissant autrefois ces bassins, lorsque leur communication avec la mer Rouge s'est trouvée interrompue, et qu'elle a commencé à se concentrer sous l'effet de l'évaporation. On passe ensuite sur une zone de terrain noirâtre, humide, très-mou, qui doit cet état à des infiltrations souterraines, et aussi sans doute à la déliquescence des chlorures déposés par l'eau de mer, qui n'arrivent jamais à se dessécher complétement. Enfin, au centre et reposant sur ces terrains, on trouve le banc de sel déposé pendant la dernière période de concentration de l'eau des bassins. Ses dimensions sont considérables : son épaisseur, qui atteint quelquefois jusqu'à 7 ou 8 mètres, est en moyenne de 3 mètres ; il a 13 kilomètres de long ; sa plus grande largeur est de 6 kilomètres.

Qu'on imagine un immense gâteau de sel, épais de 2 à 3 mètres, couvrant une superficie plus grande que celle de Paris, et on aura une idée du cube colossal de sel qui se trouve là.

Le niveau de la zone de terrains mous qui le circonscrit est plus bas que la partie supérieure de ce banc, et celle-ci est en beaucoup de points à une cote inférieure au plafond du canal.

Dès que l'eau sera introduite dans le bassin, ce banc de sel commencera à se dissoudre ; on peut conclure d'expériences que l'on exécute en ce moment que cette dissolution se fera rapidement, et que tout le banc de sel sera fondu quand le bassin sera rempli. Le chenal navigable aura donc, non pas seulement l'étendue occupée aujourd'hui par le banc de sel, mais encore celle de la zone de terrains noirs qui sont en contre-bas, et la profondeur sera de 7 à 10 mètres. Ce ne sera donc pas un chenal qu'on aura, mais une véritable passe de 16 kilomètres de long et de 6 à 8 kilomètres de large, où les navires pourraient naviguer et évoluer comme dans un grand détroit.

Mais la ligne d'eau du lac, quand il sera rempli, aura beaucoup plus d'étendue ; ce sera une véritable mer qui, dans le désert, sera sans doute d'un effet grandiose. Cette étendue sera telle que, quand on sera sur un navire placé à un bout, et qu'on regardera dans le sens de sa longueur, l'horizon se dessinera par une ligne d'eau nette comme celle qui limite la vue en pleine mer.

Division de Suez. Kabret-el-Echouch. Petits lacs Amers. (Chantiers du kilomètre 116 au kilomètre 132.) — Les fonds des bassins des grands lacs sont séparés de ceux des petits lacs par un col étroit et un seuil assez haut, flanqué à l'ouest par un îlot plus élevé que la cote de la ligne d'eau. Au delà, le terrain s'abaisse de nouveau, mais il n'atteint pas des profondeurs plus grandes que 5m,50. Là les travaux sont faits à sec, et aujourd'hui le centre des chantiers d'attaque se trouve à Kabret-el-Echouch, où l'on a établi un campement assez important. Le nombre des terrassiers qui en dépendent est de 2,500 environ.

Le canal est terminé en plusieurs points, savoir :

Sur une longueur de 4,700 mètres, depuis les fonds des grands lacs jusqu'à 1 kilomètre de Kabret-el-Echouch ;

Sur 500 mètres en face de ce campement ;

Sur 3,000 mètres à partir de 1 kil. de Kabret-el-Echouch dans le sud.

Cela fait en tout plus de 8 kilomètres qui sont tout à fait terminés.

Le travail sera très-prochainement achevé dans

cette partie; toutes les forces se reporteront alors au sud dans le bassin des petits lacs.

Déjà un chantier de 500 hommes a été installé ce mois-ci au milieu de l'intervalle qui sépare Kabret-el-Echouch de Chalouf.

Il reste dans cette section 1,398,000 mètres cubes à enlever. L'effectif de 2,000 à 2,500 hommes y parviendrait en 10 ou 12 mois. On pourrait finir encore plus tôt, s'il était nécessaire, en augmentant le nombre de bras.

Ce chantier de 2,500 hommes placé au milieu de solitudes désolées, situé à 5 ou 6 lieues de tout campement, et à 1 lieue et demie du canal d'eau douce, fait un grand contraste avec tout le reste de l'isthme, si animé et si peuplé. C'est le seul dont la vue puisse aujourd'hui rappeler à ceux qui l'auraient oublié combien ont été grandes les privations aux débuts des travaux, et quelle énergie il a fallu y déployer.

Section de Chalouf. (Du kilomètre 132 au kilomètre 142.) — Dans la section de Chalouf, tous les travaux sont faits à bras et à sec, et les déblais sont enlevés, les uns à la brouette tant que la tranchée n'est pas trop profonde, les autres au wagon et par des plans inclinés.

Quand, venant de Kabret-el-Echouch, on a parcouru le bassin des petits lacs, on commence à retrouver des chantiers et des parties attaquées à 26 kilomètres de Suez. Dans cette région, le terrain naturel est encore au-dessous de la cote de la ligne d'eau. Le rivage sud du bassin y est creusé sur

3 kilomètres à toute largeur et à la profondeur moyenne de 2^m,50 à 3 mètres au-dessous de la cote de la ligne d'eau. Sept cents hommes y sont occupés en ce moment; ils travaillent à la brouette.

A partir de ce point, sur une longueur de 5 kilomètres, le travail se fait également à la brouette. Le terrain y est aujourd'hui attaqué jusqu'à la profondeur de 1^m,70, excepté aux environs du kilomètre 135, où est installé un plan incliné et où l'on est parvenu sur une petite longueur à la profondeur de 8^m,56. Le rocher qui s'y trouvait a été rapidement enlevé.

A partir du kilomètre 136, où commence le seuil de Chalouf proprement dit, le déblai est exécuté principalement au moyen de plans inclinés. Ils sont au nombre de 15, répartis sur les deux rives, sur une longueur de 3,200 mètres.

En deux endroits la tranchée est arrivée jusqu'au plafond du canal; ils représentent à eux deux à peu près 1,000 mètres complétement terminés. C'est la partie où le seuil est le plus élevé. Entre ces deux points, distants d'environ 1 kilomètre, la tranchée est vigoureusement attaquée aux deux bouts par 8 plans inclinés, parvenus aujourd'hui à la profondeur moyenne de 7 mètres. Au delà de la seconde tranchée, qui est terminée, 7 plans inclinés sont occupés; il y en a 5 qui ont déjà atteint le plafond et qui poussent leur attaque vers le sud ; le dernier, placé plus près de Suez, n'atteint encore que 2 mètres de profondeur.

Depuis ce plan incliné jusqu'à la limite de la

section, sur une longueur de 2,200 mètres, la partie supérieure du terrain est éventrée à la brouette le plus profondément possible, pour préparer l'installation ultérieure des plans inclinés qui termineront jusqu'au plafond; 1,100 terrassiers y sont occupés.

L'organisation de ces chantiers est extrêmement remarquable et simple. Il ne se passe pas de jour que des voyageurs ne viennent de Suez les visiter et témoigner unanimement leur admiration.

Des voies de fer rayonnantes sont installées au fond des tranchées; elles aboutissent aux plans inclinés. Sur ces voies roulent des wagons qu'on charge directement aux fronts d'attaque dont la hauteur dépend de la nature du terrain et de l'abondance des infiltrations. Ils sont remorqués par des mules jusqu'au pied du plan incliné. Une machine locomobile placée au sommet fait mouvoir un treuil sur lequel s'enroule une chaîne à laquelle on attache les wagons. Les wagons pleins montent sur une des voies pendant que les wagons vides descendent sur l'autre. Au sommet du plan, des mules traînent les wagons pleins à la décharge et les ramènent.

Partout où cela est nécessaire, les infiltrations sont recueillies dans des cunettes aboutissant à des puisarts d'où l'eau est enlevée au moyen de pompes rotatives.

La pente des plans inclinés est de $0^m,15$ par mètre.

En général, on parvient au plafond en deux ou trois attaques ; mais il y a des endroits où l'on a pu attaquer à toute profondeur, à partir de la cote de la ligne d'eau.

La production moyenne de chaque plan est de 6,000 mètres cubes par mois.

Le nombre total des hommes employés aux plans inclinés est de 1,160 environ.

L'effectif de la section pour travaux à la brouette, plans inclinés, ateliers, etc., etc., est de 3,350 hommes.

Il reste 2,493,000 mètres cubes à enlever. Pour avoir fini dans 19 mois, il suffirait d'enlever 131,200 mètres en moyenne, par mois. Six plans inclinés doivent être prochainement distraits de la section, pour être installés dans la plaine de Suez. Ceux qui resteront, secondés par les terrassiers à la brouette, aujourd'hui au nombre de 1,900, suffiront pour achever ce travail qu'on pourrait activer davantage, s'il était nécessaire, en augmentant le nombre de bras.

Tout le rocher qu'on avait trouvé dans la section est aujourd'ui extrait, il y en avait 24,000 mètres cubes. Il sera utilisé ultérieurement à la confection des perrés des berges.

Travaux de la plaine de Suez. (Du kilomètre 142 au kilomètre 157.) — A partir de Chalouf tous les déblais seront également exécutés à sec sur une longueur de 6,500 mètres environ. En ce moment 2,600 terrassiers y sont occupés. La partie supérieure du terrain est enlevée à toute largeur à l'aide de la brouette. La tranchée ainsi creusée descend à une profondeur qui varie depuis la cote de la ligne d'eau jusqu'à 2 mètres en contre-bas. Le travail des plans inclinés commencera à cette dernière profondeur et aura lieu par un nombre d'attaques qui dépendra en chaque point de la nature du terrain.

15 plans inclinés commenceront le travail. Les plate-formes et les rampes de 8 d'entre eux sont terminées, et on a achevé sur plusieurs l'installation des machines; les autres sont en préparation.

Au point où s'arrêtent les travaux à sec, point situé à 7 kilomètres de Suez, il existe un barrage à partir duquel le terrain a été creusé sur deux rigoles parallèles dont les rives extrêmes correspondent à l'écartement normal des berges. Le fond de ces rigoles est à peu près à la hauteur de la cote de la ligne d'eau du canal. Elles s'étendent jusqu'à la Quarantaine en face de Suez. Lorsqu'elles ont été terminées, on y a introduit de l'eau douce par un pertuis établi au kilomètre 83 du canal d'eau douce; on y maintient le niveau à 1 m, 50 de hauteur environ au-dessus de celui de la mer. Toute cette partie doit être exécutée à la drague. Ce mode d'attaque sur un plan d'eau artificiel isolé de la mer Rouge présente deux avantages : celui de se mettre à l'abri des marées de cette dernière, toujours incommodes, et celui de travailler dans de l'eau douce, quand les terrains constituant les berges actuelles seront dessalés par l'eau du canal d'eau douce qu'on y amène.

Six dragues sont aujourd'hui dans cette rigole. Deux d'entre elles sont desservies par quatre élévateurs, trois autres sont à long couloir, la dernière est en transformation.

Les premières sont aujourd'hui en fonctionnement; elles ont atteint des fonds de 3^{m},50 et de 4 mètres.

Les trois dragues à long couloir sont en montage et l'une d'elles va bientôt commencer à travailler.

Auprès du pertuis et le long de la rigole qui met le chenal en communication avec le canal d'eau douce, la Compagnie et les entrepreneurs ont établi un campement assez important, appelé *Arsinoe*.

Lagunes et rade de Suez. (Du kilomètre 157 au kilomètre 162.) — Les travaux sont très-avancés dans la section de Suez.

On enlève à sec tout le terrain situé au-dessus de l'eau, sur une longueur de 1,400 mètres dans le sud, à partir du barrage qui ferme le chenal de la plaine. Ce travail se fait à la brouette, 110 hommes y sont occupés.

Au delà de ce chantier, sont les lagunes de la mer Rouge, où l'on creuse un chenal de 4 kilomètres de longueur rejoignant la grande rade par les fonds de 9 mètres. Ce chenal s'ouvre en éventail depuis le bout du musoir de la digue qui limite le canal à l'ouest, jusque par le travers du bassin de l'arsenal, où il doit atteindre 80 mètres. A partir de ce point, le plafond conservera régulièrement cette largeur de 80 mètres, tout le long du terre-plein. Au bout de ce dernier, il s'ouvrira de nouveau en éventail jusqu'aux fonds de 9 mètres, dans lesquels il aboutira sur une largeur de 300 mètres.

Six dragues sont affectées à cette portion des travaux, ainsi qu'au creusement du bassin de l'Arsenal. Cinq sont en fonctionnement, la dernière vient seulement d'arriver de Port-Saïd, et on procède à son montage.

L'une des cinq dragues qui fonctionnent est munie d'un couloir de 25 mètres. Elle a travaillé le long des talus, dans le bassin de l'Arsenal et dans le chenal, en déversant directement ses produits en dedans des perrés établis préalablement pour les maintenir et pour délimiter le terre-plein. Une première bande se trouve donc remblayée à peu de frais tout le long du périmètre de ce dernier, jusqu'à la distance à laquelle les déblais se sont écoulés.

On a ainsi approfondi sur une largeur de 20 mètres et sur une profondeur de $2^{m},50$ au-dessous de la marée basse le long du chenal, et sur les trois côtés ouest, sud et est du bassin de l'Arsenal.

Il reste encore au centre de ce dernier un îlot qui découvre à marée basse. On l'attaquera plus tard. En attendant, les chenaux latéraux suffisent au remisage et au mouvement du matériel flottant devant les ateliers.

Aujourd'hui, la drague à couloir de 25 mètres qui a exécuté ces chenaux est installée à 1 kilomètre au nord du bassin, où elle prépare le débouché du canal, en creusant une première rigole. Elle verse directement ses déblais en dehors de la jetée qui limite le canal à l'ouest. Quand elle aura extrait tout le cube de déblais que la longueur de son couloir lui permettra de verser, on supprimera ce couloir et on le remplacera par un déversoir ordinaire. Elle travaillera alors avec des porteurs.

La drague arrivée récemment de Port-Saïd est munie d'un long couloir; elle reprendra le travail de remblai direct commencé par la drague dont je viens de parler, et elle poussera ce travail aussi loin que possible. Le reste du remblai du terre-plein sera exécuté par d'autres moyens qu'on organisera quand il en sera temps.

Les quatre autres dragues travaillent au moyen de 9 porteurs et de 8 gabares. Ces bateaux vont verser leurs déblais dans le sud-est, à peu près sur le chemin des fontaines de Moïse. Ces gabares sont du système à arcade, dernièrement construit par M. Gouin: elles tiennent bien la mer lorsqu'elle n'est pas trop agitée; elles ne mettent que 2 heures à 2 heures 1/4 pour aller au vidage et en revenir.

Les bateaux porteurs font le même trajet en une heure.

Les terrains rencontrés par les dragues s'attaquent facilement; ils consistent en sable, en sable argileux mélangé à une grande quantité de débris coquilliers et en argile quelquefois assez pure.

Aussi le travail a-t-il rapidement marché depuis l'arrivée de la première drague, qui ne date que du mois d'avril dernier. Le banc qui se trouvait devant le bout du terre-plein est éventré jusqu'à des profondeurs de 6 et 7 mètres au-dessous de la marée basse. Le chenal de sortie en rade a une profondeur variant de 7 à 9 mètres sur 700 mètres de longueur à peu près. Devant la darse, sur 600 mètres de long, on a un chenal de 50 à 60 mètres de large, qui atteint en ce moment les fonds de 6 mètres.

Il règne donc devant le terre-plein deux chenaux navigables : l'un de $2^m,50$ de fond et de 20 mètres de large, laissé par la drague à couloir; l'autre à 15 mètres à l'est de celui-ci, qui atteint en plusieurs points les fonds de 7 mètres et qui a en moyenne 50 mètres de large.

Il n'y a plus en définitive que 1,435,000 mètres cubes à draguer pour finir le chenal et la darse. Il ne faudra pas plus de huit à neuf mois pour les enlever.

Terre-plein. Digues. — Comme je l'ai dit plus haut, le terre-plein est délimité sur tout son périmètre extérieur par des empierrements et par les remblais déposés derrière par la drague à couloir de 25 mètres. La partie supérieure de ce premier dépôt est en moyenne à $1^m,60$ au-dessus du niveau des basses mers. Mais cette hauteur n'est pas définitive, on doit ultérieurement élever les perrés et le remblai jusqu'à $3^m,36$ au-dessus de ce niveau, ce qui mettra le quai à 1 mètre au-dessus des plus hautes marées de la mer Rouge. Le cube total à remblayer était de 700,000 mètres ; on en a fait 112,000 seulement; mais déjà le terre-plein se dessine très-bien. Dans la partie S.-O. de la darse, les terres ont été étalées à hauteur sur une superficie de 2 ou 3 hectares. L'entreprise y a construit des baraquements, des bureaux, des magasins et des ateliers de réparation pour son matériel. On a de ce point une vue merveilleuse du golfe, de la rade et de la ville de Suez. Bien que ce séjour soit au milieu de l'eau, bien qu'il soit assez éloigné de Suez et qu'on ne puisse communiquer avec cette ville qu'en embarcation ou en suivant le chemin de fer qui relie le bassin de radoub à la terre, c'est un des séjours les plus agréables de l'isthme. La température en été n'y est pas aussi brûlante qu'ailleurs; déjà quelques plantations et quelques petits jardins ont réussi sur ce sable fraîchement extrait de la mer.

Il est probable qu'avant peu la population maritime tendra à se déplacer de Suez, et à s'établir aux abords de ce terre-plein. Ce développement d'un faubourg maritime de la ville sera déterminé non-seulement par l'ouverture du canal, mais encore par l'achèvement du grand port Ibrahim qui est adossé à l'ouest de notre terre-plein, et dont la première amorce est le bassin de radoub. Le gouvernement en presse l'exécution et MM. Dussaud qui en sont chargés y travaillent activement. Je signale en passant ces grands travaux qui sont fort intéressants, et le bassin de radoub qui ne le cède en rien aux plus grands et aux plus beaux bassins des arsenaux d'Europe.

Le brise-lame qui est destiné à protéger l'avant-port compris entre la terre et les établissements de la Compagnie est presque terminé; il ne reste plus guère que le musoir à faire. Ce musoir est à 800^{m} de celui du terre-plein. La digue a près de 1 kilom. de long; elle abrite très-bien l'avant-port contre les vents les plus violents.

En résumé, dans la division de Suez qui s'étend sur une longueur de 48 kilomètres, il reste encore en tout 12,240,000 mètres cubes à enlever. Les 12 dragues qui y sont affectées extrairont, quand elles seront toutes en chantier, entre 300 et 360,000 mètres cubes par mois, soit, pour 19 mois et demi, entre 5,850,000 et 6,720,000 mètres. Le reste, c'est-à-dire de 5,220,000 à 6,390,000 mètres, sera enlevé par les terrassiers et par les plans inclinés. C'est au plus 327,000 mètres cubes par mois à extraire par ceux-ci. Les 8,000 hommes et les plans inclinés actuellement employés ont déjà fait mensuellement bien plus plus que cela. Ce mois-ci, ils ont extrait 430,000 mètres environ.

Avant de quitter Suez, je pourrais parler des changements immenses qui s'y sont opérés depuis quatre ans que le canal d'eau douce y est arrivé, de l'extension qu'il a pris; de la prospérité qui s'y est développée, mais je craindrais de tomber dans les lieux communs, tant ces transformations ont été décrites par tous ceux qui les ont vues, et sont connues aujourd'hui. La création du terre-plein de la Compagnie et de celui du bassin de radoub, les constructions qui s'y déploient, le mouvement dont ils sont le centre ont beaucoup contribué à ce changement de physionomie.

Transit. — Pour compléter cet examen des travaux, je dois dire quelques mots du transit. Je n'en parlerai pas au point de vue commercial ; l'importance de ses opérations est publiée chaque mois : on connaît la rapidité avec laquelle elles s'accroissent ; on sait que le chiffre des recettes a atteint 474,000 francs dans le dernier trimestre. J'en donnerai seulement quelques détails techniques.

Les canots à vapeur qui font le service de la poste entre Port-Saïd et Ismaïlia proviennent de commandes faites à M. Gouin et à la Société des Forges et Chantiers de la Méditerranée. Ils sont excellents; la durée de leur trajet est de dix heures ; leur exactitude au départ et à l'arrivée ferait envie au chemin de fer égyptien.

Les dahabiehs traînées par des mules, qui font le service postal d'Ismaïlia à Suez, vont être remplacées successivement par des canots à vapeur d'un système spécial adapté aux conditions de navigation et de tirant d'eau du canal Ismaïlieh. Le propulseur de ces canots est une seule roue à palettes placée au milieu de la coque. C'est un type nouveau, créé par MM. Henderson Coulborn et Cie, de Glasgow. Le premier d'entre eux, récemment essayé, a donné de bons résultats.

Plus tard, s'il y a lieu, on les adoptera sur la branche de Zagazig, où le service se fait aussi à présent avec des dahabiehs traînées par des mules.

Les trains de chalands sont remorqués de Port-Saïd à Ismaïlia par des remorqueurs à double hélice. Il y en a cinq. La puissance nominale de leur machine est de 30 chevaux, et la puissance effective de 90. Ils utilisent très-bien cette force, et ce sont des remorqueurs vigoureux. Je ne crois pas qu'on ait jamais employé des remorqueurs à hélices dans d'aussi bonnes conditions pour traîner des trains de chalands considérables comme les nôtres. Il y en a souvent dix ou douze derrière un remorqueur.

Arrivés à Ismaïlia les trains quittent le remorqueur à hélices et ils continuent leur route jusqu'à Suez avec des toueurs du système Bouquié se halant sur une chaîne noyée dans le canal. Ce système, qu'on n'avait encore adopté en France qu'avec une certaine timidité, nous donne de très-bons résultats sur la longueur de 90 kilomètres où il est employé. Il y a six toueurs. La force de chacun d'eux est de 18 chevaux. Dernièrement ils ont fait vaillamment leurs preuves en remorquant d'Ismaïlia au kilomètre 83 les grandes dragues, leurs couloirs et les élévateurs destinés à la plaine de Suez.

Les chalands qui arrivent à Suez avec des chargements en destination des navires en rade y sont conduits directement par un remorqueur à double hélice du même système que ceux du canal maritime, qui vient les prendre à l'écluse.

Les gares et magasins que possède le service du transit aux deux bouts de la ligne sont bien proportionnés à l'importance actuelle des opérations; ils présentent beaucoup d'animation et de mouvement.

Indépendamment des petits ateliers de Port-Saïd, le transit a installé un chantier de réparation et d'entretien à Ismaïlia sur la rive droite du canal d'eau douce. Ce chantier rend de grands services.

Telle est la description fidèle de l'état dans lequel j'ai trouvé les travaux. J'ai passé en revue une à une les différentes sections; j'y ai dit l'importance de ce qu'il reste à faire dans chacune d'elles, les moyens d'exécution qui y sont en œuvre, leur puissance, les dates présumées de l'achèvement de chaque partie du canal. On voit combien les programmes sont nets et précis, et dans quelles faibles proportions l'imprévu peut entrer en ligne de compte; on voit quelle unité dans la direction, quel parallélisme dans la marche.

Si après le temps d'arrêt occasionné par la suppression des contingents on a mis longtemps à redonner de l'impulsion à cette œuvre immense, combien les préparatifs ont été savants, combien les programmes élaborés, combien les machines étudiées! Et puis ce gigantesque plan de campagne arrêté, il fallait plus d'un jour pour construire, transporter et monter plus de dix mille chevaux-vapeur, et ramener dans le désert jusqu'à douze mille ouvriers libres.

A présent, le plus difficile et le plus long est fait dans une proportion si grande qu'on se sent entraîné à dire que le canal est presque achevé. De même qu'une maison s'élève aujourd'hui avec une rapidité merveilleuse quand les matériaux sont préparés, quand de savants échafaudages sont érigés, quand les fondations sont faites, de même aussi le canal est bien près d'être achevé, malgré que matériellement il n'y ait d'enlevé que la moitié du cube.

Sur 74 millions de mètres qui étaient à extraire, on en a fait 35 et demi; il en reste donc encore 39 et demi. Déjà les situations mensuelles sont de 14 à 1,500,000 mètres (1); mais il y a encore douze dragues à mettre en chantier; mais il reste encore plusieurs améliorations dernières à terminer sur quelques appareils déjà

(1) On prévoit que celle du mois de mars sera de 1,600,000 mètres.

en œuvre, car MM. Borel et Lavalley, avec la largeur et la sûreté de vues qui leur font honneur, savent que le temps et l'argent dépensés sagement en améliorations se retrouveront plus tard avec bénéfice; ils l'ont déjà maintes fois prouvé. J'estime que vers le mois d'avril les situations mensuelles arriveront au chiffre normal qu'elles doivent atteindre, et qu'elles le conserveront régulièrement jusqu'à la fin. Elles ne s'en écarteraient que pour augmenter.

Ce n'est pas peu de chose déjà qu'un cube de 1,300,000 mètres, comme celui que nous remuons par mois. Pour en avoir une idée, qu'on imagine l'avenue des Champs-Elysées couverte sur toute sa longueur d'une montagne de 100 mètres de base et de 28 mètres de hauteur au sommet; qu'on imagine encore la place Vendôme couverte de terre jusqu'à quatre fois la hauteur des maisons qui la bordent.

Devant des chiffres aussi considérables, qui doivent s'accroître encore, devant cette marche des travaux si merveilleuse et si assurée, les impressions qui dominent sont la certitude du succès complet, une grande admiration pour la persévérance et le courage du promoteur de l'œuvre, pour l'énergie et l'activité de ceux qui l'exécutent, et un profond dédain pour les attaques qu'on pourrait entendre encore diriger contre la Compagnie.

IMPRIMERIE CENTRALE A. CHAIX ET Ce, RUE BERGÈRE, 20, A PARIS.—3376-8.

www.ingramcontent.com/pod-product-compliance
Ingram Content Group UK Ltd.
Pitfield, Milton Keynes, MK11 3LW, UK
UKHW020352250726
13967UKWH00005B/2241